AF296211

LE TEMPLE DU GOÛT.

PAR
M. DE VOLTAIRE.

EDITION VERITABLE,

Donnée par l'Auteur.

A AMSTERDAM,

Chez JAQUES DESBORDES.

M. DCC. XXXIII.

LETTRE

DE

Mr. DE V......

Á

Mr. DE C...

Monsieur,

Vous avez vu, & vous pouvez rendre témoignage, comment cette ba-
gatel-

gatelle fut conçue & exécutée. C'étoit une plaisanterie de Societé. Vous y avez eu part comme un autre ; chacun fournissoit ses idées ; & je n'ai guere eu d'autre fonction que celle de les mettre par écrit.

Mr. de . . . . disoit, que c'étoit dommage que Bayle eût enflé son Dictionaire de plus de deux-cens Articles de Ministres & de Professeurs Lutheriens ou Calvinistes ; qu'en cherchant l'Article de *César* , il n'avoit rencontré que celui de *Jean Césarius* Professeur à Cologne ; & qu'au-lieu de *Scipion*, il avoit trouvé six grandes pages sur *Gerard Scioppius.* De-là on concluoit à la pluralité des voix, à réduire Bayle à un seul Tome, dans la Bibliotheque du Temple du Goût.

Vous m'assuriez tous, que vous aviez

viez été affez ennuyez en lifant l'His-
toire de l'Académie Françoife ; que
vous vous intereffiez fort peu à tous
les détails des Ouvrages de Balesdens,
de Porcheres, de Bardin, de Baudouin,
de Faret , de Colletet, de Cottin &
d'autres pareils Grands-Hommes ; &
je vous en crus fur votre parole. On
ajoutoit, qu'il n'y a guere aujourd'hui
de Femmes d'efprit qui n'écrive de
meilleures Lettres que Voiture. On
difoit, que St. Evremont n'auroit jamais dû faire de Vers, & qu'on ne
devoit pas imprimer toute fa Profe.
C'eft le fentiment du Public éclairé ; & moi, qui trouve toujours tous
les Livres trop longs, & furtout les
miens, je réduifois auffi-tôt tous ces
Volumes à très peu de pages.

Je n'étois en tout cela que le Secre-
taire du Public : fi ceux qui perdent

leur Cause se plaignent, ils ne doivent pas s'adresser à celui qui a écrit l'Arrêt.

Je sai que des Politiques ont regardé cette innocente plaisanterie du Temple du Goût, comme un grave attentat. Ils prétendent qu'il n'y a qu'un mal-intentionné qui puisse avancer, que le Château de Versailles n'a que sept croisées de face sur la Cour; & soutenir que Le Brun, qui étoit Prémier Peintre du Roi, a manqué de Coloris.

Des Rigoristes disent qu'il est impie de mettre des Filles de l'Opera, Lucrece, & des Docteurs de Sorbonne, dans le Temple du Goût.

Des Auteurs auxquels on n'a point pensé, crient à la Satire, & se plaignent que leurs défauts sont désignez, & leurs grandes beautez passées sous si-
len-

lence; crime irrémiſſible, qu'ils ne pardonneront de leur vie : & ils appellent le Temple du Goût, un Libelle diffamatoire.

On ajoute, qu'il eſt d'une ame noire, de ne louer perſonne ſans un petit correctif ; & que dans cet Ouvrage dangereux nous n'avons jamais manqué de faire quelque égratignure à ceux que nous avons careſſez.

Je répondrai en deux mots à cette accuſation. Qui loue tout, n'eſt qu'un Flateur : celui-là ſeul ſait louer, qui loue avec reſtriction.

Enſuite, pour mettre de l'ordre dans nos idées, comme il convient dans ce Siecle éclairé, je dirai qu'il faudroit un peu diſtinguer entre la *Critique*, la *Satire* & le *Libelle*.

Dire que le *Traité des Etudes* eſt

un Livre à jamais utile , & que par
cette raison même il en faut retrancher quelques plaisanteries & quelques familiaritez peu convenables à
ce sérieux Ouvrage ; dire que *les
Mondes* est un Livre charmant & unique, & qu'on est fâché d'y trouver que
*le jour est une beauté blonde, & la nuit
une beauté brune* , & autres petites
douceurs; voilà, je croi, de la *Critique*.

Que Despréaux ait écrit

———— Pour trouver un Auteur sans défaut,
La raison dit Virgile, & la rime Quinaut;

c'est de la *Satire* , & de la Satire
même assez injuste en tous sens, (avec
le respect que je lui dois :) car la rime de *défaut* n'est point assez belle
pour exiger celle de *Quinaut*; & il
est

est aussi peu vrai de dire que Virgile est sans défaut, que de dire que Quinaut est sans naturel & sans graces.

Les *Couplets* de *Rousseau*, le *Masque de Laverne*, & telle autre horreur; certains Ouvrages de Gacon; voilà ce qui s'appelle un *Libelle diffamatoire*.

Tous les Honnêtes-gens qui pensent, sont *Critiques*; les Malins sont *Satiriques*; les Pervers font des *Libelles*: & ceux qui ont fait avec moi le Temple du Goût, ne sont assurément ni malins, ni méchans.

Enfin, voilà ce qui nous amusa pendant plus de quinze jours. Les idées se succedoient les unes aux autres; on changeoit tous les soirs quelque chose; & cela a produit sept ou huit

Temples du Goût, absolument dif-
ferens.

Un jour, nous y mettions les E-
trangers ; le lendemain, nous n'ad-
mettions que les François. Les Maffei, les Pope, les Bononcini ont
perdu à cela plus de cinquante Vers,
qui ne font pas fort à regretter. Quoi
qu'il en foit, cette plaifanterie n'étoit
point du tout faite pour être pu-
blique.

Une des plus mauvaifes & des plus
infideles Copies d'un des plus négli-
gez Brouillons de cette bagatelle, a-
yant couru dans le monde, a été im-
primée fans mon aveu ; & celui qui
l'a donnée, quel qu'il foit, a très
grand tort.

Peut-être fait-on plus mal encore
de donner cette nouvelle Edition : il
ne faut jamais prendre le Public pour
le

le confident de ses Amusemens. Mais la sottise est faite, & c'est un de ces cas où l'on ne peut faire que des fautes.

Voici donc une faute nouvelle; & le Public aura cette petite Esquisse, (si cela même peut en mériter le nom) telle qu'elle a été faite dans une Societé où l'on savoit s'amuser sans la ressource du Jeu , où l'on cultivoit les Belles-Lettres sans esprit de Parti, où l'on aimoit la Vérité plus que la Satire , & où l'on savoit louer sans flatterie.

S'il avoit été question de faire un Traité du Goût , on auroit prié les De Côtes & les Baufrancs de parler d'Architecture , les Coypels de définir leur Art avec esprit, les Destouches de dire quelles sont les graces de la Musique, les Crebillons

de

de peindre la Terreur qui doit ani-
mer le Théatre : pour peu que chacun d'eux eût voulu dire ce qu'il
fait , cela auroit fait un gros *in
folio*. Mais on s'eſt contenté de
mettre en général les ſentimens du
Public , dans un petit Ecrit ſans
conſéquence ; & je me ſuis char-
ge uniquement de tenir la plu-
me.

Il me reſte à dire un mot ſur notre jeune Nobleſſe , qui employe
l'heureux loiſir de la Paix à culti-
ver les Lettres & les Arts ; bien
differente en cela des auguſtes Viſi-
goths leurs Ancêtres , qui ne ſa-
voient pas ſigner leurs noms. S'il
y a encore dans notre Nation ſi
polie quelques Barbares & quelques
mauvais-Plaiſans, qui oſent desap-
prouver des occupations ſi eſtima-
bles,

bles, on peut assurer qu'ils en fe-
roient autant, s'ils le pouvoient. Je
suis très persuadé que quand un
Homme ne cultive point un Talent, c'est qu'il ne l'a pas; qu'il n'y
a personne qui ne fît des Vers,
s'il étoit né Poëte, & de la Musique, s'il étoit né Musicien.

Il faut seulement que les graves
Critiques, aux yeux desquels il n'y
a d'amusement honorable dans le
monde que le Lansquenet & le Bi-
ribi, sachent que les Courtisans de
Louis XIV, au retour de la Con-
quête de Hollande en 1672, danse-
rent à Paris sur le Théatre de Lulli
dans le Jeu de paume de Belleai-
re, avec les Danseurs de l'Opera;
& que l'on n'osa pas en murmu-
rer. A plus forte raison doit-on,
je croi, pardonner à la Jeunesse, d'a-
voir

voir de l'esprit dans un âge où l'on
ne connoissoit que la débauche.

Omne tulit punctum, qui miscuit utile dulci.

V.

LE
TEMPLE
DU
GOÛT.

LE Cardinal Oracle de la France,
Non ce Mentor qui gouverne aujourd'hui,
Juste, tranquille, humble dans sa puissance,
Maître de tout, & plus maître de lui ;
Mais ce Nestor qui du Pinde est l'appui,
Qui des Savans a passé l'esperance,
Qui les soutient, qui les anime tous,
Qui les éclaire, & qui regne sur nous
Par les attraits de sa douce éloquence ;
Ce Cardinal qui, sur un nouveau ton,
En Vers charmans fait parler la Sagesse,

A　　　　　Réu-

Réuniffant Virgile avec Platon,

Vengeur du Ciel, & vainqueur de Lucrece. (1)

Ce Cardinal, enfin, que tout le monde re-
connoit à ce portrait, me dit un jour, qu'il
vouloit que je vinffe avec lui au Temple du
Goût. C'eft un féjour, me dit-il, dont tout
le monde parle, où peu de gens vont, & que
ceux qui voyagent, fe donnent rarement la peine d'examiner. Il eft bon que vous obferviez
de près un Dieu que vous voulez fervir.

> Vous l'avez pris pour votre Maitre:
>
> Il l'eft, ou du moins le doit être.
>
> Mais vous l'encenfez de trop loin,
>
> Et nous allons prendre le foin
>
> De vous le faire mieux connoitre.

Je remerciai Son Eminence de fa bonté; &
je lui dis: Monfeigneur, je fuis extrèmement
indifcret. Si vous me menez avec vous, je
m'en vanterai à tout le monde.

> Sur ce petit Pelerinage,
>
> Auffi tôt on demandera

Que

(1) M. le Cardinal de *Polignac* a fait contre Lucrece un
Poëme Latin. Tous les Gens de Lettres connoiffent ces
beaux Vers, qui font au commencement :

> *Pieridum fi fortè lepos auftera canentes*
>
> *Deficit, eloquio victi, re vincimus ipfa.*

Que je compofe un gros Ouvrage.
Voltaire fimplement fera
Un récit court, qui ne fera
Qu'un très frivole badinage :
Mais fon récit on frondera,
A la Cour on murmurera ;
Et dans Paris on me prendra
Pour un vieux Conteur de Voyage,
Qui vous dit d'un air ingénu,
Ce qu'il n'a ni vu ni connu,
Et qui vous ment à chaque page.
   Et fi dans fon malin vouloir
Quelque Critique veut favoir
En quels lieux, en quel coin du Monde
Eft bâti ce divin Manoir,
Que faudra-t-il que je réponde ?

Le Cardinal me repliqua, que le Temple é-
toit dans le Païs des Beaux-Arts ; qu'il vouloit
abfolument que je l'y fuiviffe, & que je fiffe ma
relation avec fincerité ; que s'il arrivoit qu'on
fe moquât un peu de moi, il n'y auroit pas
grand mal à cela, & que je le rendrois bien fi
je voulois. J'obeïs, & nous partimes.

 Aima-

Aimable Abbé, vous fûtes du Voyage;

Vous que le Goût ne cesse d'inspirer;

Vous dont l'esprit si délicat, si sage,

Vous dont l'exemple à daigné me montrer

Par quels chemins on peut, sans s'égarer,

Chercher le Goût, ce Dieu que dans cet Age

Maints Beaux-Esprits s'efforcent d'ignorer.

Nous rencontrâmes sur le chemin plusieurs obstacles. D'abord, nous trouvames Messieurs Ordus, Lexicocrassus, Scriverius, une nuée de Commentateurs, qui restituoient des passages, & qui composoient de gros Volumes, à propos d'un mot qu'ils n'entendoient pas.

Là, j'apperçus les Daciers (2), les Saumaises, (3)

Gens hérissés de savantes fadaises,

Le

(2) M. *Dacier* avoit une grande Litterature : il connoissoit tout dans les Anciens, hors la grace & la finesse. Ses Commentaires ont par-tout de l'érudition, & très rarement du goût. Il traduit grossierement les délicatesses d'Horace. Si Horace dit à sa Maîtresse : *Miseri quibus intentata nites,* Dacier dit : *Malheureux ceux qui se laissent attirer par cette bonace, sans vous connoître.* Il traduit, *Nunc est bibendum, nunc pede libero pulsanda tellus.* *C'est maintenant qu'il faut boire, & que sans rien craindre, il faut danser de toute sa force. Mox juniores quærit adulteros.* Elles ne sont pas plutôt mariées, qu'elles cherchent de nouveaux galans. Mais quoiqu'il défigure Horace, & que ses Notes soient souvent d'un Savant sans esprit, son Livre est plein de recherches utiles, & le Pu-

blic

Le teint jauni, les yeux rouges & fecs,

Le dos courbé fous un tas d'Auteurs Grecs;

Tout noircis d'ancre, & coiffés de poufliere.

Je leur criai de loin par la portiere:

N'allez-vous pas dans le Temple du Goût,

Vous décraffer? Nous, Meffieurs? Point du tout.

Ce n'eft pas là, grace au Ciel, notre étude;

Le Goût n'eft rien. Nous avons l'habitude

De rédiger au long, de point en point,

Ce qu'on penfa; mais nous ne penfons point.

Après cet aveu ingénu, ces Meffieurs entourerent le Caroffe & voulurent abfolument nous faire lire certains paffages de Dictys de Crete, & de Metrodore de Lampfaque, que Gronovius avoit eftropiés, à ce qu'ils difoient. Nous les remerciames de leur courtoifie, & nous continu-

blic loue fon travail en voyant fon peu de génie.

(3) *Claude Saumaife*, de Dijon, paffa prefque toute fa vie à écrire contre Jufte Lipfe & Heinfius, de gros Livres fur des queftions inutiles. Enfin il fut chargé de défendre la plus férieufe & la plus célebre Caufe du monde: c'étoit celle de Charles I. Roi d'Angleterre, contre Cromwel. Voici ce qu'on trouve dans le commencement du Livre qu'il fit fur ce fujet, par ordre de Charles II. *Anglois, qui vous renvoyez les têtes des Rois comme des balles de paume, qui jouez à la boule avec les Couronnes, & qui vous fervez des Sceptres comme de marotes.* Nota, que Milton lui répondit dans le même ftile.

tinuames notre chemin. Nous n'eumes pas fait
cent pas, que nous trouvames un Homme en-
touré de Peintres, d'Architectes, de Sculpteurs,
de Doreurs, de faux Connoiſſeurs, de Flateurs,
Ils tournoient le dos au Temple du Goût.

D'un air content l'Orgueil ſe repoſoit,

Se pavanoit ſur ſon large viſage ;

Et mon Créſus tout en ronflant diſoit:

J'ai beaucoup d'Or, de l'Eſprit davantage:

On me prendroit pour le vrai Dieu du Goût;

Je n'appris rien, je me connois à tout:

Je ſuis un Aigle en Conſeil, en Affaires:

Malgré les Vents, les Rocs & les Corſaires,

J'ai dans le Port fait aborder ma Nef.

Partant, il faut qu'on me bâtiſſe en bref

Un grand Palais, fait pour moi, c'eſt tout dire,

Où les Beaux-Arts ſoient en foule entaſſés,

Où tout le jour je prétens qu'on m'admire.

L'argent eſt prêt. Faquins, obeïſſez.

Il dit, & dort. Auſſi-tôt la Canaille

Autour de lui s'évertue & travaille.

Certain Maçon, en Vitruve érigé,

Lui trace un Plan d'ornemens ſurchargé;

Nul Veſtibule, encor moins de Façade:

Mais vous aurez une longue enfilade;

Vos

Vos murs feront de deux doigts d'épaiffeur,

Grands Cabinets, Salon fans profondeur,

Petits Tremeaux, Fenêtres à ma guife,

Que l'on prendra pour des Portes d'Eglife;

Le tout boifé, verni, fculpté, doré,

Et des Badauts à coup fûr admiré.

Réveillez vous, Monfeigneur, je vous prie,

Crioit un Peintre ; admirez l'induftrie

De mon talent. Raphaël n'eût jamais

Entendu l'Art d'embellir un Palais.

C'eft moi qui fais annoblir la Nature:

Je couvrirai Plat-fonds, Voûte, Vouffure,

De cent Magots travaillés avec foin,

D'un pouce ou deux, pour être vus de loin.

Créfus s'éveille, il regarde, il rédige,

A tort, à droit, règle, approuve, corrige.

A fes côtés, un petit Curieux,

Lorgnette en main, difoit : Tournez les yeux,

Voyez ceci, c'eft pour votre Chapelle ;

Sur ma parole, achetez ce Tableau,

C'eft Dieu le Pere en fa gloire éternelle,

Peint galamment dans le goût du (4) Vatau.

Et

____

(4) Vatau eft un Peintre Flamand, qui eft de l'Ecole Françoife. Il a travaillé à Paris, où il eft mort il y a quelques années.

Et cependant, un fripon de Libraire,

Des Beaux-Esprits écumeur mercenaire,

Vendeur adroit de sottise & de vent,

En souriant d'une mine matoise,

Lui mesuroit des Livres à la toise ;

Car Monseigneur est sur-tout fort savant.

Je crus en être quitte pour ce petit retardement, & que nous allions arriver au Temple sans autre mauvaise fortune : mais la route est plus dangereuse que je ne pensois. Nous trouvames bien-tôt une nouvelle embuscade.

C'étoit un Concert que l'on donnoit dans une Maison de Campagne bizarrement située, & bâtie de même. Le Maitre de la Maison, voyant de loin le Carosse du Cardinal, & sachant que S. E. venoit d'Italie, vint le prier du Concert. Il lui dit en peu de mots beaucoup de mal de Lully, de Destouches & de Campra, & l'assura qu'à son Concert il n'y auroit point de Musique Françoise. Le Cardinal lui remontra en-vain que la Musique Italienne, la Françoise & la Latine, étoient fort bonnes, chacune dans leur genre ; qu'il n'y a rien de si ridicule que de l'Italien chanté à la Françoise, si ce n'est peut-être le François chanté à l'Italienne. Car, lui dit-il

nées. Il a réussi dans les petites Figures, qu'il a déssinées avec grace & legereté, & qu'il a très bien groupées : mais il n'a jamais rien fait de grand, & il en étoit incapable. M. de Julienne a fait graver son Oeuvre avec un très grand soin.

dit-il avec un ton de voix aimable, fait pour
orner la Raison :

La Nature féconde, ingénieuse & sage,

Par ses dons partagés ornant cet Univers,

Parle à tous les Humains ; mais, sur des tons divers.

Ainsi que son esprit, tout Peuple a son langage;

Ses sons & ses accens, à sa voix ajustés,

Des mains de la Nature exactement notés:

L'oreille heureuse & fine en sent la difference.

Sur le ton des François, il faut chanter en France:

Aux Loix de notre goût Lully sut se ranger;

Il embellit notre Art, au-lieu de le changer.

A ces paroles judicieuses, mon Homme répondit en secouant la tête : Venez, venez, dit-il,
on va vous donner du neuf. Il fallut entrer,
& voilà son Concert qui commence.

Du grand Lully, vingt Rivaux fanatiques,

Plus ennemis de l'Art & du Bon-sens,

Défiguroient, sur des tons glapissans,

Des Vers François en fredons Italiques:

Une Bégueule en lorgnant se pâmoit;

Et certain Fat, yvre de sa parure,

En se mirant, chevrotoit, fredonnoit;

Et de l'index battant faux la mesure,

Crioit *bravo*, lorsque l'on détonnoit.

A 5

Nous

Nous fortimes au plus vîte. Ce ne fut qu'au travers de bien des avantures pareilles, que nous arrivames enfin au Temple du Goût.

Jadis, en Grece on en pofa

Le fondement ferme & durable:

Puis, jufqu'au Ciel on exhauffa

Le faîte de ce Temple aimable.

L'Univers entier l'encenfa.

Le Romain, longtems intraitable,

Dans ce féjour s'apprivoifa;

Doux Vainqueur, il y dépofa

Sa Barbarie infupportable.

Le Mufulman, plus implacable,

Conquit le Temple & le rafa. (5)

En Italie on ramaffa

Tous les débris que l'Infidele

Avec fureur en difperfa.

Bientôt, FRANÇOIS PREMIER ofa

En bâtir un fur ce modele.

Sa Pofterité méprifa

Cette

____

(5) Quand Mahomet II. prit Conftantinople en 1453, tous les Grecs qui cultivoient les Arts fe réfugierent en Italie. Ils y furent principalement accueillis par les Maifons de Medicis, d'Eft & de Bentivoglio, à qui l'Italie doit fa Politeffe & fa Gloire.

Cette Architecture si belle.

Richelieu vint, qui répara

Le Temple abandonné par elle.

LOUIS LE GRAND le décora.

Colbert, son Ministre fidelle,

Dans ce Sanctuaire attira

Des Beaux-Arts la Troupe immortelle.

L'Europe jalouse admira

Ce Temple, en sa beauté nouvelle;

Mais je ne sai s'il durera.

Ce seroit ici le lieu de m'étendre sur la structure de cet Edifice, & de parler d'Architrave & d'Archivolte, si j'avois formé le dessein de n'être pas lu.

Evitons le long verbiage

De Monsieur de Félibien, (6)

Qui noye élégamment un Rien

Dans un fatras de beau langage.

Cet Edifice précieux

N'est point chargé des antiquailles

Que nos très Gotiques Ayeux

Entassoient autour des murailles

De

(6) Félibien a fait sur la Peinture cinq volumes, où on trouve moins de choses que dans le seul volume de Piles.

De leurs Temples, groſſiers comme eux.

Il n'a point les défauts pompeux

De la Chapelle de Verſailles,

Ce Colifichet faſtueux

Qui du Peuple éblouït les yeux,

Et dont le Connoiſſeur ſe raille.

Il eſt bien plus aiſé de dire ce que Temple n'eſt pas, que de dire ce qu'il eſt. J'ajouterai ſeulement, pour éviter la difficulté :

Simple en étoit la noble Architecture.

Chaque ornement, à ſa place arrêté,

Y ſembloit mis par la néceſſité :

L'Art s'y cachoit ſous l'air de la Nature.

L'œil ſatisfait embraſſoit ſa ſtructure,

(7) Jamais ſurpris, & toujours enchanté.

Le Temple étoit environné d'une foule de Virtuoſes, d'Artiſtes & de Juges de toute eſpece, qui s'efforçoient d'entrer, mais qui n'entroient point.

Car

(7) Quand on entre dans un Edifice, bâti ſelon les véritables règles de l'Architecture, toutes les proportions étant obſervées, rien ne paroît ni trop grand ni trop petit; & le tout ſemble s'agrandir inſenſiblement, à meſure qu'on le conſidere. Il arrive tout le contraire dans les bâtimens Gotiques.

Car la Critique, à l'œil severe & jufte,
Gardant les Clefs de cette Porte augufte,
D'un bras d'airain, fierement repouffoit
Le Peuple Got, qui fans ceffe avançoit.

On chaffoit tous ces Satiriques obfcurs, qui font fecretement une mauvaife Critique d'un bon Ouvrage; petits Infectes dont nous ne foupçonnons l'exiftence, que par les efforts qu'ils font pour piquer. On renvoyoit ces Courtifans affairés & oififs, qui mettent tout leur grand crédit à faire une brigue inutile contre une Piece nouvelle.

Ce font les Cabales mutines
De ces prétendus Beaux-Efprits,
Qu'on vit proteger dans Paris
Les Pradons & les Scuderis,
Contre les immortels Ecrits
Des Corneilles & des Racines.

On repouffoit plus rudement ces Hommes injuftes & dangereux, ces Ennemis de tout mérite, qui haïffent fincerement ce qui réuffit, de quelque nature qu'il puiffe être: ils auroient également envié *Rocroy* au grand Condé, *Denain* à Villars, & *Polieucte* à Corneille: ils auroient exterminé Le Brun pour avoir fait le Tableau de la Famille de Darius.

Darius. Leurs bouches diſtillent la médiſance & la calomnie: ils diſent que Télémaque (8) eſt un Libelle contre Louis XIV. & Eſther une Satire contre le Miniſtere: ils donnent de nouvelles Clefs de La Bruyere: ils infectent tout ce qu'ils touchent.

> L'Orgueil les engendra dans les flancs de l'Envie,
>
> Des Midas de la France ils faſcinent les yeux.
>
> Un Fat les applaudit; un Méchant les appuye;
>
> Et les Arts déſolés vont répandre loin d'eux,
>
> Des pleurs qu'avec le tems l'Equité ſeule eſſuye.

Ils s'enfuirent tous, à la vue du Cardinal, & de l'Abbé de Rothelin; car ils ont pour eux l'averſion qu'ils leur doivent. Leur fuite précipitée fit place à un ſpectacle plus plaiſant; c'étoit une foule d'Auteurs de tous états, qui ſe preſſoit à la porte. L'un apportoit un Roman nouveau; l'autre, une Harangue à l'Académie; celui-ci, un petit Recueil de Vers imprimés avec une longue Approbation, ſans que le Public en ait rien ſu. Cet autre venoit préſenter un Mandément en ſtile précieux, & étoit tout ſurpris qu'on ſe mît à rire au-lieu de lui demander ſa Bénédiction. Je ſuis le Ré-

---

(8) On a fait réellement ces reproches à Fenelon & à Racine, dans de miſerables Libelles que perſonne ne lit plus aujourd'hui, & auxquels la malignité donna de la vogue dans leur tems.

Révérend Pere…. difoit l'un. Place à Monfeigneur… crioit l'autre.

Un Raifonneur, avec un fauffet aigre,

Crioit, Meffieurs, je fuis un Juge integre,

Qui toujours parle, arguë, & contredit;

Je viens fiffler tout ce qu'on applaudit.

Lors la Critique apparut, & lui dit,

Ami Bardus, vous êtes un grand Maitre;

Mais n'entrerez en cet aimabe Lieu:

Vous y venez pour fronder notre Dieu;

Contentez-vous de ne le pas connoitre.

Mr. Bardus refufé fe mit à faire un long dif-
cours contre l'Exiftence du Dieu du Goût; il
affura que ce Dieu n'eft qu'une chimere; il
propofa, il divifa, il fubdivifa, il diftingua,
il réfuma; perfonne ne l'écouta.

Parmi les flots de la Troupe infenfée,

De ce Parvis obftinément chaffée,

Tout doucement venoit La Motte Houdart,

Lequel difoit, d'un ton de Papelard,

Ouvrez, Meffieurs, c'eft mon Oedipe en profe.

Mes Vers font durs, d'accord; mais forts de chofe.

De grace, ouvrez; je veux à Defpréaux

Contre les Vers dire avec goût deux mots.

La

La Critique reconnut en lui l'Auteur raisonnable, à la douceur de son maintien; & le Traducteur de l'Iliade, à la dureté de son Stile. Elle le laissa quelque tems entre Chapelain & Desmarets, qui médisoient de Virgile & d'Homere à la porte du Temple, depuis cinquante ans.

Dans le moment arriva un autre Versificateur, soutenu par deux petits Satires. Il paroissoit plein de confiance, & s'étonnoit qu'on tardât à lui ouvrir.

Vers de Rousseau.

Je viens, dit-il, pour rire & pour m'ébattre,

Me rigolant, menant joyeux déduit,

Et jusqu'au jour faisant le Diable à quatre.

Qu'est-ce que j'entends-là, dit la Critique? C'est moi, reprit le Rimeur. J'arrive d'Allemagne pour vous voir, & j'ai pris la Saison du Printems:

Vers de Rousseau.

Car les jeunes Zéphirs, de leurs chaudes haleines,

Ont fondu l'écorce des eaux.

Plus il parloit ce langage, moins la porte s'ouvroit. On me prend donc, continua-t-il,

Vers de Rouss.

Pour une Grenouille aquatique,

Qui du fond d'un petit thorax,

Va chantant pour toute musique,

Brekekeke, koax, koax, koax, koax? Ah,

Ah, bon Dieu! s'écria la Critique, quel horrible jargon! Elle fit ouvrir la porte, pour voir l'Animal qui avoit un cri si singulier. Quel fut son étonnement, quand tout le monde lui dit que c'étoit Rousseau! Elle lui ferma la porte au plus vîte. Le Rimeur desesperé lui crioit dans son Stile Marotique.

Eh! montrez-vous un peu moins difficile.

J'ai près de vous mérité d'être admis.

Reconnoissez mon humeur & mon stile,

Voici des Vers contre tous mes Amis.

O vous, Critique, ô vous, Déesse utile,

C'étoit par vous que j'étois inspiré.

En tout païs, en tout tems abhorré,

Je n'ai que vous desormais pour asyle.

A ces paroles, la Critique fit ouvrir le Temple, parut d'un air de Juge, & parla ainsi au Cynique.

Rousseau, tu m'as trop méconnue,

Jamais ma candeur ingénue

A tes Ecrits n'a présidé.

Ne prétends pas qu'un Dieu t'inspire,

Quand ton esprit n'est possedé

Que du Démon de la Satire.

B   Pour

Pour certains Couplets de Chanson,

Et pour un fort mauvais Faction,

Ta mordante Muse est bannie. (8)

Mais par l'équitable Apollon

Ta rage est encor mieux punie :

Il t'ôra le peu de génie

Dont tu dis qu'il t'avoit fait don ;

Il te priva de l'harmonie ;

Et tu n'as plus rien aujourd'hui,

Que la foiblesse & la manie

De forger encor malgré lui,

Des Vers Tudesques qu'il renie,

La Mothe entendoit tout cela : il rioit ; mais point trop fort, & avec discretion. Rousseau lui reprochoit avec fureur, tous les mauvais Vers que cet Académicien avoit faits en sa vie. Souvien-toi du (9) *Cornet fatidique,*

disoit

(8) Voyez le Factum de Mr. Saurin de l'Académie des Sciences, contre Rousseau ; avec l'Arrêt qui condamne ce dernier comme Calomniateur.

(9) *Plus loin, une main frénétique*

Chasse du cornet fatidique.

L'Oracle roulant du Destin.
LA MOTHE.

Ah ! je connois votre Equivoque ;

Et ressemblez à l'œuf cuit dans sa coque.
ROUSSEAU.

difoit Rouffeau avec un fourire amer. Eh! n'ou-
bliez pas *l'œuf cuit dans fa coque*, répondoit
doucement La Mothe. La difpute auroit duré
longtems, fi la Critique ne leur avoit impofé
filence , & ne leur avoit dit; Ecoutez : prenez
toux deux-à la main vos prémiers Ouvrages,
& brulez les derniers (10). Rouffeau, placez-
vous au-deffus de La Mothe, en qualité de
Verfificateur : mais toutes les fois qu'il s'agira
d'Efprit & de Raifon, vous vous mettrez fort
au-deffous de lui. Ni l'un ni l'autre ne fut
content de la décifion.

J'étois préfent à cette Scene. La Critique
m'apperçut. Ah ah! me dit-elle, vous êtes bien
hardi d'entrer! Je lui répondis humblement:
Dangereufe Déeffe, je ne fuis ici que parce que
ces Meffieurs l'ont voulu; je n'aurois jamais
ofé y venir feul. Je veux bien, dit-elle, vous
y fouffrir à leur confideration : mais tâchez
de profiter de tout ce qui fe fait ici.

Sur-tout, gardez-vous bien de rire

Des Auteurs que vous avez vus ;

Cent petits Rivaux inconnus

Crieroient bien vîte à la Satire.

Corrigez-vous fans les inftruire :

Donnez plus d'Intrigue à *Brutus*,

Plus

(10) Les prémiers Vers de La Mothe & de Rouffeau
furent reçus très favorablement du Public ; mais les derniers n'ont eu aucun fuccès.

> Plus de Vraisemblance à *Zaïre* ;
>
> Et, croyez-moi, n'oubliez plus,
>
> Que vous avez fait *Artémire*.

Je vis bien qu'elle en alloit dire davantage ; elle me parloit déja d'un certain *Philoctete* : je m'esquivai, & je laissai avancer un Homme qui valoit mieux que Rousseau, La Mothe, & moi.

> C'étoit le sage Fontenelle,
>
> Qui par les Beaux-Arts entouré,
>
> Répandoit sur eux à son gré
>
> Une clarté pure & nouvelle.
>
> D'une Planete, à tire d'aile,
>
> En ce moment il revenoit
>
> Dans ces lieux où le Goût tenoit
>
> Le Siege heureux de son Empire.
>
> Avec Quinaut il badinoit ;
>
> Avec Mairan il raisonnoit ;
>
> D'une main legere, il prenoit
>
> Le Compas, la Plume & la Lyre.

Beaucoup de Gens de Lettres furent indignés de voir cet Homme, contre lequel ils avoient fait tant d'Epigrammes. Quoi ! dit l'un d'eux, le Bon-goût souffrira dans son Temple l'Auteur des *Lettres du Chevalier d'Her . . .* d'une *Passion*

d'Aud'*Automne*, d'un *Clair de Lune*, d'un *Ruiſſeau Amant à la Prairie*, d'*Aſpar*, d'*Endymion*, de … Non, dit la Critique, ce n'eſt pas l'Auteur de tout cela, que vous voyez. C'eſt celui des *Mondes*, Ouvrage qui a dû vous inſtruire ; de *Thetis & Pelée*, Opera qui a pu exciter votre envie ; de l'*Hiſtoire de l'Académie des Sciences*, que je ſouhaite que vous entendiez.

Puis ſe tournant vers l'aimable Interprete de la Philoſophie ; Je ne vous reprocherai pas, dit-elle, certains Ouvrages de votre jeuneſſe, comme font ces Cyniques jaloux. Mais je ſuis la Critique ; vous êtes chez le Dieu du Goût ; & mon devoir eſt de vous dire, que

> Votre Muſe ſage, & riante,
>
> Devroit aimer un peu moins l'Art.
>
> Ne la gâtez point par le fard :
>
> Sa couleur eſt aſſez brillante.

Allez, ſuivez mon conſeil ; c'eſt celui du Dieu du Goût, de la Critique, & du Public. Cependant, mettez-vous entre Lucrece & Leibnitz.

Je demandai pourquoi Leibnitz étoit là. C'eſt, me dit-on, pour avoir fait d'aſſez bons Vers Latins, quoiqu'il fût Métaphyſicien & Géometre ; & la Critique le ſouffre en cette place, pour adoucir par cet exemple l'eſprit dur de la plupart de ſes Confreres.

B 3

A

A l'égard de Lucrece, il rougit d'abord en voyant le Cardinal fon Ennemi. Mais à peine l'eut-il entendu parler, qu'il l'aima ; il courut à lui, il l'embraffa, il avoua fes erreurs; il lui dit en beaux Vers Latins, ce que je traduis ici en affez mauvais Vers François:

Aveugle que j'étois ! je crus voir la Nature ;

Je marchai dans la nuit, conduit par Epicure;

J'adorai comme un Dieu ce Mortel orgueilleux,

Qui fit la guerre au Ciel & détrôna les Dieux.

L'Ame ne me parut qu'une foible étincelle,

Que la nuit du trépas diffipe dans les airs.

Tu m'as vaincu, je cede ; & l'Ame eft immortelle,

Auffi-bien que ton Nom, tes Ecrits & mes Vers.

Le Cardinal répondit à Lucrece dans la Langue de ce Poëte. Tous les Poëtes de l'Antiquité qui l'écouterent, le prirent pour un ancien Romain : mais il ne s'agit ici que des François.

Enfin, après ces retardemens agréables, au milieu des Beaux-Arts, des Mufes, des Plaifirs mêmes, nous arrivames jufqu'à l'Autel & jufqu'au Trône du Dieu du Goût.

Je vis ce Dieu, qu'en-vain j'implore ;

Ce Dieu charmant, que l'on ignore

Quand on cherche à le définir ;

Ce Dieu qu'on ne fait point fervir,

Quand

Quand avec scrupule on l'adore;

Que La Fontaine fait sentir,

Et que Vadius cherche encore.

Il se plaisoit à consulter

Ces Graces simples & naïves,

Dont la France doit se vanter;

Ces Graces piquantes & vives,

Que les Nations attentives

Voulurent souvent imiter;

Qui de l'Art ne sont point captives;

Qui regnoient jadis à la Cour,

Et que la Nature & l'Amour

Avoient fait naître sur nos rives.

Il est toujours environné

De leur Troupe aimable & legère;

C'est par leurs mains qu'il est orné,

C'est avec elles qu'il veut plaire.

Elles-mêmes l'ont couronné

D'un Diadème, qu'au Parnasse

Composa jadis Apollon,

Des Lauriers du divin Maron,

Du Lierre & du Myrte d'Horace,

Et des Roses d'Anacréon.

Sur son front regne la Sagesse.

Son air est tendre, ingénieux.

Les Amours ont mis dans fes yeux

Le Sentiment & la Fineffe.

　　Le More à fes Autels chantoit. (11)

Peliffier près d'elle exprimoit

De Lulli toute la tendreffe.

Pleine de grace & de moleffe,

Sallé le Temple parcouroit, (12)

D'un pas guidé par la juftesse.

Legere & forte en fa foupleffe,

La vive Camargo fautoit, (13)

A ces fons brillans d'allegreffe,

Et de Rebel, & de Mouret.

Le Couvreur plus loin récitoit, (14)

Avec cette grace divine

Dont autrefois elle ajoutoit

De nouveaux charmes à Racine.

　　Le fage Rollin s'écartoit (15)

De

(11) Mesdemoifelles *Le More* & *Pelisfier*, deux celebres Chanteufes de l'Opera.

(12) Mademoifelle *Sallé*, excellente Danfeufe, qui exprime les Paffions.

(13) Mademoifelle *Camargo*, la prémiere qui ait danfé comme un Homme.

(14) *Adrienne le Couvreur*, la meilleure Actrice qu'ait jamais eu la Comédie Françoife pour le Tragique, & la prémiere qui ait introduit au Théatre la déclamation naturelle.

(15) *Charles Rollin*, ancien Recteur de l'Univerfité, Auteur

De cette foule enchanteresse;

Dans le fond du Temple il dictoit

Quelques leçons à la Jeuneffe;

Et malgré l'auftere fageffe

De la Morale qu'il prêchoit,

Malgré fa Robe, on l'écoutoit:

Chofe affez rare à fon Efpece.

   Sous la voûte d'un Cabinet,

Que Girardon & le Puget (16)

Embelliffoient de leur fculpture,

Le Pouffin fagement peignoit,

Le Sueur entre eux fe plaçoit,   (17)

Le Brun fierement deffinoit;

Et le Dieu, qui de l'œil fuivoit

Les traits de leur main libre & fure,

En les approuvant fe plaignoit

De voir, qu'à leur docte peinture,

Mal-

teur du *Traité des Etudes*, Livre écrit avec beaucoup de
pureté & de goût, & dans lequel le Public n'a repris que
quelques plaifanteries mal placées, & d'un goût peu con-
venable à un bon Ouvrage.

(16) *Girardon & le Puget*, deux excellens Sculpteurs François. Girardon a plus de grace, le Pujet plus d'expreffion.

(17) *Le Pouffin, Le Brun & Le Sueur*, font à la tête de
l'Ecole Françoife. On leur reproche à tous trois de ne
s'être pas attachés affez au Coloris, qui eft la partie la plus
féduifante de la Peinture; mais ils ont excellé dans le Deffein, qui eft la partie effentielle.

B 5

Malgré leurs efforts, il manquoit
Le Coloris de la Nature.
Sous fes yeux , des Amours badins
Ranimoient ces touches favantes,
Avec un pinceau que leurs mains
Trempoient dans les couleurs brillantes
De la palette de Rubens.

Dans ce même Cabinet confacré aux Phidias
& aux Apelles modernes, on cultivoit cet autre Art inventé en Italie, & perfectionné en
(18) France ; cet Art qui multiplie & qui é-
ternife les Tableaux, & qui exprime tout fans
le fecours des Couleurs. C'eft là qu'on voit un
Recueil d'Eftampes d'après tous les beaux Tableaux qui font en France.

Crozat préfide à ce deffein : (19)

Il conduit le docte burin

De la Gravure fcrupuleufe,

Qui d'une main laborieufe,

Immortalife fur l'airain

De

(18) L'Art de la Gravure en cuivre , trouvé à Florence
par un Orfevre nommé *Finguerra*, au commencement du
XVI. Siecle ; & trouvé par hazard, comme la plupart de tous
les Arts.
(19) N . . . *Crozat*, l'un des plus celebres Amateurs & des
meilleurs Connoiffeurs , fait graver les Tableaux & les Deffeins des plus grands Maitres qui font en France. Cet Ouvrage eft déja fort avancé par les foins de Mr. *Robert* , Peintre & Sculpteur très habile.

De Boulogne la grace heureuse,
Et l'esprit sage du Pouſſin.

Vis-à-vis ſont les Modeles de nos plus beaux Edifices. Colbert, l'Amateur & le Protecteur de tous les Arts, raſſembloit autour de lui les Connoiſſeurs. Tous féliciterent le Cardinal de (20) Polignac ſur ce Salon de Marius, qu'il a déterré dans Rome, & dont il vient d'orner la France.

Colbert attachoit ſouvent ſa vue ſur cette belle façade du Louvre, dont Perrault & Le Vau ſe diſputent encore l'invention. Il ſoupiroit de ce qu'un ſi beau Monument périſſoit ſans être achevé. Ah! diſoit-il, pourquoi a-t-on forcé la Nature pour faire du Château de Verſailles un Favori ſans mérite; tandis qu'on pouvoit en continuant le Louvre égaler en bon-goût Rome ancienne & moderne!

On voyoit ſur un Autel le Plan du Luxembourg; de ce Portail ſi noble auquel il manque une Place, une Egliſe, & des Admirateurs;

de

(20) Mr. de *Polignac* ayant conjecturé qu'un certain terrein de Rome avoit été autrefois la maiſon de Marius, fit fouiller dans cet endroit. L'on trouva à pluſieurs pieds ſous terre, un Salon entier avec pluſieurs Statues très bien conſervées. Parmi ces Statues, il y en a dix qui font une ſuite complete, & qui repréſentent Achille déguiſé en Fille à la Cour de Lycomede, & reconnu par l'artifice d'Ulyſſe. Cette Collection eſt unique dans l'Europe, par la rareté & par la beauté. Elles ſont actuellement chez Mr. le Cardinal de *Polignac*, où les Curieux peuvent les voir.

de cette Fontaine qui fut un Chef-d'œuvre de Goût dans un tems d'ignorance ; de cet Arc de triomphe qu'on admireroit dans Rome , & auquel le nom vulgaire de la Porte St. Denys ôte tout son mérite auprès de la plupart des Parisiens. Cependant le Dieu s'amusoit à faire construire le Modele d'un Palais parfait. Il joignoit l'Architecture du Château de Maisons , au dedans de l'Hôtel de Lassay , dont il a conseillé lui-même la situation , les proportions & les embellissemens au Maitre aimable de cet Edifice , & auquel il ajoutoit quelques commodités. Je demandois tout-bas , pourquoi il y a eu à proportion moins de bons Architectes en France , que de bons Sculpteurs. Le Cardinal, qui connoit tous les Arts , daigna répondre ainsi. Prémierement, les Sculpteurs & les Peintres ont toute la liberté de leur génie ; au-lieu que les Architectes sont souvent gênés par le terrein,& encore plus par le caprice du Maitre. En second lieu , les Sculpteurs & les Peintres faisant beaucoup plus d'Ouvrages , ont bien plus d'occasion de se corriger. Cent Particuliers étoient en état d'employer le pinceau du Poussin, de Jouvenet , de Santerre, de Boulogne, de Vatau ; & même aujourd'hui nos Peintres modernes travaillent presque tous pour de simples Citoyens. Mais il faut être Roi ou Surintendant , pour exercer le génie d'un Mansart ou d'un Desbrosses. Enfin, le succès du Peintre est dans le Dessein de son

Ta-

Tableau ; celui du Sculpteur eſt dans ſon Modele en terre : le Modele de l'Architecte au contraire eſt trompeur , parce que le bâtiment regardé enſuite à une plus grande diſtance , fait
un effet tout different , & que la perſpective
aërienne en change les proportions. En un mot,
il en eſt ſouvent du Plan en relief d'un Edifice,
comme de la plupart des Machines , qui ne
réuſſiſſent qu'en petit.

Après avoir examiné ce Cabinet où l'Architecture , la Sculpture , la Peinture étaloient
leurs charmes , nous paſſames dans l'endroit du
Temple où ſe raſſemblent tous ces Hommes
illuſtres , auxquels on donne le nom de Beaux-
Eſprits.

Parmi ces Ecrivains celebres, les Pavillons,
les Benſerades , les Péliſſons , les Segrais , les
St. Evremont, les Balzacs, les Voitures,ne me
parurent pas occuper les prémiers rangs. Ils y
étoient autrefois, me dit un de mes Guides ;
ils brilloient avant que les beaux jours des Belles-Lettres fuſſent arrivés. Mais peu à peu ils
ont cedé la place aux véritablement Grands-
Hommes: ils ne font plus ici qu'une aſſez mé-
diocre figure. En effet , la plupart n'avoient
gueres que l'eſprit de leur tems , & non cet eſprit qui paſſe à la derniere Poſterité.

Déja de leurs foibles Ecrits
Beaucoup de graces ſont ternies.

Ils font comptés encore au rang des Beaux-Efprits,
　Mais exclus du rang des Génies.

On dit qu'un jour Segrais voulut entrer dans le Temple, en récitant ce Vers de Despréaux :

Que Segrais dans l'Eglogue en charme les forêts.

Mais la Critique ayant, par malheur pour lui, lu quelques pages de fon Eneïde & de fes Géorgiques en Vers François, lui refufa la porte, & laiffa entrer à fa place Madame de la Fayette (21), qui avoit mis fous le nom de Segrais, Zaïde, & la Princeffe de Cleves.

Péliffon eft dans le Temple, à caufe de l'Hiftoire de la Franche-Comté : mais on ne lui pardonne pas d'avoir dit tant de puérilités dans fon Hiftoire de l'Académie, & d'avoir rapporté des fottifes comme des Bons-mots.

Le

(21) Voici ce que Mr. *Huet* Evêque d'Avranches rapporte, page 204. de fes Commentaires, Edition d'Amfterdam. Madame *de la Fayette* négligea fi fort la gloire qu'elle méritoit, qu'elle laiffa fa *Zaïde* paroître fous le nom de *Segrais* ; & lorfque j'eus rapporté cette Anectote, quelques Amis de Segrais, qui ne favoient pas la vérité, fe plaignirent de ce trait, comme d'un outrage fait à fa mémoire. Mais c'étoit un Fait dont j'avois été longtems témoin oculaire, & c'eft ce que je fuis en état de prouver par plufieurs Lettres de Madame de la Fayette, & par l'Original du Manufcrit de Zaïde, dont elle m'envoyoit les feuilles à mefure qu'elle les compofoit.

Le doux, mais foible Pavillon fait sa cour à Madame Deshoulieres. L'inégal St. Evremont n'ose parler de Vers à personne. Voiture & Benserade cherchent tous deux de l'esprit, & trouvent des pointes & des jeux de mots, dont ils rougissent eux-mêmes le moment d'après : tandis que Balzac se tenant seul au haut de la voûte, & n'étant entendu de personne, déclame à perte d'haleine ses longues phrases hyperboliques.

Le Cardinal & son Ami cherchèrent le Comte de Bussy, qui se tenoit à l'écart avec une fierté mécontente. L'aimable, la naturelle Madame de Sevigné accourut au-lieu de lui.

Elle dit que son cher Cousin,
Homme d'esprit, mais un peu vain,
Et qui s'applaudit & qui s'aime
Au point d'en paroître ennuyeux,
Est mal reçu dans ces beaux lieux,
Pour avoir d'un ton glorieux,
Si souvent parlé de lui-même.
Mais son Fils, son aimable Fils,
Parmi nous est toujours admis.
C'est lui qu'on créa dans Paris,
Dieu de la bonne compagnie;
Lui de qui l'aimable entretien
Sur tous nos cœurs a tant d'empire;

Qui

Qui sans flatter & sans médire,

Ne prétendant jamais à rien,

Sans le croire, parle aussi bien

Que son Pere croyoit écrire.

Je vis arriver en ce lieu

Le brillant Abbé de Chaulieu,

Qui chantoit en sortant de table.

Il osoit caresser le Dieu,

D'un air familier, mais aimable.

Sa vive imagination

Prodiguoit dans sa douce yvresse,

Des beautés sans correction,

Qui choquoient un peu la justesse,

Mais respiroient la passion.

La Fare avec plus de molesse,

Et baissant sa Lyre d'un ton,

Chantoit auprès de sa Maitresse

Quelques Vers sans précision,

Que le plaisir & la paresse

Dictoient à ce gros Céladon.

Le Dieu aimoit fort ces deux Messieurs, &
surtout La Fare qui ne se piquoit de rien, & qui
même avertissoit son Ami Chaulieu de ne se
croire que le prémier des Poëtes négligés, & non
pas le prémier des bons Poëtes, comme l'Abbé
s'en flattoit de très bonne foi.

Cha-

Chapelle étoit au milieu d'eux ; Chapelle, plus débauché que délicat, plus naturel que poli, facile dans ſes Vers, libertin dans ſes idées, incorrect dans ſon ſtile ; il parloit toujours au Dieu du Goût ſur la même rime. On prétend que ce Dieu lui répondit un jour :

> Règléz mieux votre paſſion
>
> Pour ces ſyllabes enfilées ;
>
> Qui chez Richelet étalées ;
>
> Et des Eſprits ſages ſifflées ;
>
> Bien ſouvent ſans invention ;
>
> Diſent avec profuſion
>
> Des riens en rimes redoublées.

Et je crois que je ne ferois pas mal de ſuivre cet avis.

Chapelle, Chaulieu, La Fare, St. Evremont faiſoient converſation avec le célebre Duc de la Rochefoucault & Madame de la Fayette. Ces entetiens n'ont ni l'affectation de l'Hôtel de Rambouillet, ni le tumulte qui regne chez nos jeunes Etourdis.

> On y ſait fuïr également
>
> Le Précieux , le Pédantiſme ;
>
> L'air empeſé du Syllogiſme ,
>
> Et l'air fou de l'Emportement.
>
> C'eſt là qu'avec grace on allie

Le vrai Savoir à l'Enjoûment,

Et la Justesse à la Saillie.

L'Esprit en cent façons se plie ;

On fait donner, rendre, essuyer

Cent traits d'aimable raillerie :

Le Bon-sens, de peur d'ennuyer,

Se déguise en Plaisanterie.

On y examine si les Arts se plaisent mieux dans une Monarchie, que dans une République : Si l'on peut se passer aujourd'hui du secours des Anciens : Si les Livres ne sont point trop multipliés : Si la Comédie & la Tragédie ne sont point épuisées. On établit quelle est la vraye différence entre l'Homme de talent, & l'Homme d'esprit ; entre le Critique, & le Satirique ; entre l'Imitateur, & le Plagiaire. Quelquefois même on laisse parler longtems la même personne, mais ce cas arrive très rarement. Heureusement pour moi, on se rassembloit en ce moment autour de la fameuse Ninon Lenclos.

Ninon, cet objet si vanté,

Qui joignit tant de probité

Au doux talent d'être volage,

Faisoit alors avec gaieté

Un Discours sur la Volupté,

Sur l'Art & la Délicatesse,

Qui rend la moins fiere Beauté

Respectable dans sa foiblesse.

Tan-

Tandis que j'écoutois attentivement son Sermon, mes deux graves Conducteurs s'amuserent à parler de Belles-Lettres avec quelques Jésuites.

Un Janseniste dira, que les Jésuites se fourrent par-tout; mais la vérité est que le Dieu du Goût a instruit beaucoup de ces Peres ; il les reçoit aussi bien que leurs Ennemis, & il est assez plaisant de voir en ce lieu Bourdaloue qui s'entretient avec Pascal sur le grand Art de joindre l'Eloquence au Raisonnement.

Derriere eux étoit l'exact & le délicat Bouhours, qui marquoit sur des Tablettes toutes les fautes de langage, & toutes les petites négligences qui échapoient à Bourdaloue & à Pascal. Le Cardinal de Polignac ne put s'empêcher de dire au Pere Bouhours :

Quittez d'un Censeur pointilleux

La scrupuleuse diligence :

Aimons jusqu'aux défauts heureux

De leur mâle & libre Eloquence.

J'aime mieux errer avec eux,

Que d'aller, Censeur pointilleux,

Peser des mots dans ma balance.

Cela fut dit avec bien plus de politesse que je ne le rapporte ; mais nous autres Poëtes nous sommes souvent très impolis, pour la commodité de la rime. Le Pere Bouhours lui répondit:

dit : Permettez que je continue mes petites ob-
servations.   Ce font les Grands-Hommes qu'il
faut critiquer, de peur que les fautes qu'ils font
contre les Règles, ne fervent de Règles aux petits Ecrivains.   Ce font les défauts du Pouffin
& du Sueur, qu'il faut relever; non ceux de
Rouet & de Vignon : & dès que votre Anti-
Lucrece fera imprimé, foyez fûr de ma critique.

Eh bien, examinez, vetillez, tant qu'il vous
plaira, dit en paffant un jeune Duc qui reve-
noit du Sermon de Ninon, & qui en paroiffoit
tout pénétré ; pour moi je n'ai pas la force de
rien cenfurer d'aujourd'hui.

Cet Homme, que Ninon avoit rendu fi in-
dulgent,

C'eft lui qui d'un efprit vif, aimable & facile,
D'un vol toujours brillant fut paffer tour à tour,
Du Temple des Beaux-Arts au Temple de l'Amour,
Mais qui fut plus content de ce dernier afyle.

  Des mains des Graces préfenté
  En Allemagne, en Italie,
  Il charma l'Europe adoucie,
  Dont fon Oncle fut redouté.

Il eft même encore mieux reçu dans le Temple du Goût, que cet Oncle fi vanté, qui réta-
blit les Beaux-Arts en France, de la même main
dont il abaiffa ou perdit tous fes Ennemis. Ce
          terri-

terrible Miniftre, craint, haï, envié, admiré à l'excès de toutes les Cours & de la fienne, eft redouté jusque dans le Temple du Goût, dont il eft le Reftaurateur. On craint à tout moment qu'il ne lui prenne fantaifie d'y faire entrer Chapelain, Colletet, Faret & Desmarets, avec lesquels il faifoit autrefois de méchans Vers.

Quand je vis que le Cardinal de Richelieu n'avoit pas toutes les préférences, je m'écriai : C'est donc ici comme ailleurs, & l'inclination l'emporte par-tout fur les bienfaits ! Alors j'entendis quelqu'un qui me dit :

Etablir, conferver, mouvoir, arrêter tout,
Donner la Paix au Monde, ou fixer la Victoire,
C'eft ce qui m'a conduit au Temple de la Gloire,
    Bien plutôt qu'au Temple du Goût.
    Je vois bien, qu'en ce Sanctuaire,
    L'Autorité du Miniftere,
L'honneur de protéger les Beaux-Arts qu'on chérit,
    Mais auxquels on ne s'entend guere,
    L'éclat, l'intrigue, le crédit,
Ne fauroient égaler les charmes de l'Efprit,
    Ni le Don fortuné de plaire.

Ce Don de plaire fait tout ; c'eft lui qui dans le Temple donne le pas à l'Auteur d'une Chanfon, fur un Compilateur de cent Volumes ; c'eft

lui

lui qui met presque au même rang que les Il-
lustres, ces Hommes sages & heureux,

   Qui dans le sein des Arts, du Monde & du Loisir,
  Ont passé de leurs jours les momens délectables,
      A recevoir, à donner du plaisir.
  De chanter & d'écrire ils ont été capables :
  Mais pour être en ce Temple, & pour y réussir,
     Qu'ont-ils fait ? Ils étoient aimables.

C'est entre ces Voluptueux, & les Artistes,
que je trouvai le facile, le sage, l'agréable La
Faye. Heureux qui pourroit passer, comme lui,
les dernieres années de sa vie ! tantôt compo-
sant des Vers aisés & pleins de grace ; tantôt
écoutant ceux des autres, sans envie & sans mé-
pris ; ouvrant son Cabinet à tous les Arts , &
sa Maison aux seuls Hommes de bonne compagnie. Combien de Particuliers dans Paris pour-
roient lui ressembler dans l'usage de leur fortune ? Mais le Goût leur manque : ils jouissent
insipidement, & ils ne savent qu'être riches.

Après avoir goûté l'entretien de ces Hommes
aimables, on alla voir la Bibliotheque. On croit
bien que nous n'y trouvames pas

   L'amas curieux & bizarre
   De vieux Manuscrits vermoulus,
   Ni la suite inutile & rare
   D'Ecrivains qu'on n'a jamais lus.

Mais

Mais les Mufes ont elles-même

En leur rang placé ces Auteurs,

Qu'on lit, qu'on eftime & qu'on aime,

Et dont la fageffe fuprême

N'a ni trop ni trop peu de fleurs.

Presque toutes les Editions font corrigées & retranchées, de la main des Mufes. Les trois quarts de Rabelais, au moins, font renvoyés à la Bibliothèque bleue; & le refte, tout bizarre qu'il eft, ne laiffe pas de faire rire quelquefois le Dieu du Goût. Marot, qui n'a qu'un ftile, & qui chante du même ton les Pfeaumes de David & les merveilles d'Alix, eft réduit à cinq ou fix feuillets. Voiture & Sarrazin n'ont pas à eux deux plus de foixante pages. Tout l'efprit de Bayle eft en un feul Tome; & ce judicieux Philofophe, ce Juge éclairé de tant d'Auteurs & de tant de Sectes, n'eût pas probablement compofé plus d'un *in folio*, s'il n'avoit écrit que pour lui, & non pas pour des Libraires. St. Evremont, qui parle fi délicatement de Religion, fi folidement de Bagatelles, & qui écrit de fi longues Lettres à la belle Madame Mazarin, eft confiné dans un très petit Volume; encore n'y trouve-t-on pas la converfation du Pere Canaye, qui appartient à Charleval.

La Conjuration de Venife, feul Ouvrage qui puiffe donner un nom à l'Abbé de St. Real, eft à côté de Sallufte. Il n'y a point encore d'E-

crivain François que les Muses ayent pu mettre
à côté de Tacite.

Enfin, l'on nous fit passer dans l'intérieur du
Sanctuaire. Là les Mysteres du Dieu me furent
révélés. Là je vis ce qui doit servir d'exemple
à la Posterité : un petit nombre de Grands-Hommes y faisoient ce qu'ils n'avoient jamais fait de
leur vie ; ils voyoient & corrigeoient leurs
fautes.

La Bruyere adoucissoit dans son stile nerveux
& singulier, des tours durs & forcés qui s'y ren-
contrent. L'aimable Auteur du Télémaque
retranchoit des détails & des répétitions, dans
son Roman moral , & rayoit le Titre de Poëme Epique , que quelques Zélés lui donnent ;
car il avoue sincerement , qu'il n'y a point de
Poëme en Prose.

Bossuet , le seul François véritablement élo-
quent entre tant de bons Ecrivains en Prose,
qui pour la plupart ne sont qu'élégans ; Bossuet
vouloit bien retrancher quelques familiarités é-
chapées à son génie vaste & facile , qui dépa-
rent la beauté de ses Oraisons funebres.

Ce grand , ce sublime Corneille,

Qui plut bien moins à notre oreille,

Qu'à notre esprit qu'il étonna ;

Ce Corneille qui crayonna

L'ame d'Auguste, de Cinna

De Pompée & de Cornélie ;

Jettoit

Jettoit au feu fa Pulchérie,

Agéfilas, & Suréna;

Et facrifioit fans foiblesse

Tous ces Enfans infortunés,

Fruits languissans de fa vieillesse,

Trop indignes de leurs Aînés.

Plus pur, plus élégant, plus tendre,

Et parlant au cœur de plus près,

Nous attachant fans nous surprendre,

Et ne fe démentant jamais,

Racine observe les Portraits

De Bajazet, de Xipharès,

De Britannicus, d'Hippolite:

A peine il diftingue leurs traits;

Ils ont tous le même mérite;

Tendres, galans, doux, & difcrets;

Et l'Amour qui marche à leur fuite,

Les croit des Courtifans François.

Toi Favori de la Nature,

Toi La Fontaine, Auteur charmant,

Qui bravant & rime & mefure,

Si négligé dans ta parure,

N'en avois que plus d'agrément:

Sur tes Ecrits inimitables

Di nous quel eft ton fentiment;

C 5

Eclai-

Éclaire notre jugement
Sur tes Contes & sur tes Fables.

La Fontaine, qui avoit conservé la naïveté de son caractere, & qui dans le Temple du Goût joignoit un discernement éclairé à cet heureux instinct qu'il avoit pendant sa vie, retranchoit les prémieres & les dernieres de ses Fables, accourcissoit ses Contes, & arrachoit plus des trois quarts d'un gros Recueil d'Oeuvres posthumes, imprimé par ces Editeurs qui vivent des sottises des Morts.

Là regnoit Despréaux, leur Maitre en l'Art d'écrire ;

Lui qu'arma la Raison des traits de la Satire ;

Qui donnant le Précepte, & l'Exemple à la fois,

Fit fleurir d'Apollon les rigoureuses Loix.

Il revoit ses Enfans avec un œil severe :

De la triste Equivoque il rougit d'être Pere ;

Il rit des traits manqués du pinceau foible & dur,

Dont il défigura le Vainqueur de Namur :

Lui-même il les efface, & semble encor nous dire,

Ou sachez vous connoitre, ou gardez-vous d'écrire.

Despréaux, par ordre exprès du Dieu du Goût, se reconcilioit avec Quinault qui est le Poëte des Graces, comme Despréaux est le Poëte de la Raison.

Mais

Mais le severe Satirique
Embraſſoit encore en grondant
Cet aimable & tendre Lyrique ,
Qui lui pardonnoit en riant.

Je ne me racommode point avec vous, diſoit Despréaux, que vous ne conveniez qu'il y a bien des fadeurs dans ces Opera ſi agréables.

Eh bien ! oui, je l'avoue , lui dit Quinault. Mais avouez auſſi, que vous n'euſſiez jamais fait Atys, ni Armide.

Dans vos ſcrupuleuſes beautés,
Soyez vrai , précis , raiſonnable ;
Que vos Ecrits ſoient reſpectés :
Mais permettez-moi d'être aimable.

Enchanté de tout ce que je voyois, ravi hors de moi-même, je m'apperçus en parcourant ce Lieu ſacré, que j'étois devant Moliere. Je lui fis ce petit compliment :

L'élégant , mais le froid Terence,
Eſt le prémier des Traducteurs.
Tu fus le Peintre de nos Mœurs,
De l'Univers, & de la France.
Nos Courtiſans trop rengorgés,
Nos Bourgeois pleins de préjugés,

De

De Ridicule si chargez,
Chez toi venoient se reconnoître;
Et tu les aurois corrigés,
Si l'Esprit humain pouvoit l'être.

Ah! dit-il, pourquoi ma profession m'obligea-t-elle de partager mes talens! Pourquoi ai-je écrit pour le Peuple! Si j'avois été le maître de mon tems, mes Dénouemens auroient été plus heureux, mes Intrigues plus variées; & si je n'avois écrit que pour les Connoisseurs, j'aurois moins donné dans le bas Comique. C'est ainsi que tous ces Grands-Hommes montroient leur supériorité, en avouant leurs fautes.

Je connus par tout ce que je vis, que le Dieu du Goût est très difficile à satisfaire; mais qu'il n'aime point à demi. Je vis que les Ouvrages qu'il critique le plus en détail, sont souvent ceux qui, en tout, lui plaisent davantage.

Nul Auteur avec lui n'a tort,
Quand il a trouvé l'Art de plaire:
Il le critique sans colère;
Mais il l'approuve avec transport.

Melpomène étalant ses charmes,
Vient lui présenter ses Héros.
Le Dieu connoît tous leurs défauts;
Mais c'est en répandant des larmes.

Mal-

Malheureux qui toujours raifonne,
Et qui ne s'attendrit jamais !
Dieu du Goût, ton divin Palais
Eft un féjour qu'il abandonne.

Quand il fallut fe féparer, le Dieu parla ainſi, à peu près, à mes deux Protecteurs. Voici le fens de fes paroles.

Adieu, mes plus chers Favoris.
Comblés des faveurs du Parnaffe,
Ne fouffrez pas que dans Paris
Mon Rival ufurpe ma place.
Je fai qu'à vos yeux éclairés
Le Faux-Goût tremble de paroître.
Si jamais vous le rencontrez,
Il eft aifé de le connoître.
Toujours accablé d'ornemens,
Compofant fa voix, fon vifage,
Affecté dans fes agrémens,
Et précieux dans fon langage,
Il prend mon nom, mon étendart:
Mais on voit affez l'impofture;
Car il n'eft que le Fils de l'Art,
Et je le fuis de la Nature.

Enfui-

Enſuite, il leur parla de la protection qu'on doit aux Belles-Lettres ; de la gloire qu'elles donnent aux Païs dans leſquels elles fleuriſſent, à ceux qui les cultivent, à ceux qui les favoriſent. Il s'écria avec un peu d'Enthouſiaſme, qu'il ne dédaigne pas quelquefois, mais qu'il ſait toujours moderer :

> Que toujours CLERMONT s'illumine (21)
>
> Des vives clartés de ma Loi.
>
> Lui, ſes Sœurs, les Amours, & moi,
>
> Nous ſommes de même origine.

> Brillez dans le ſein des Beaux-Arts,
>
> Illuſtre Jeuneſſe de France ;
>
> Tandis que les foudres de Mars
>
> Se repoſent dans le ſilence.

> Braſſac, ſois toujours mon ſoutien. (22)
>
> Sous tes doigts j'accordai ta Lyre.
>
> De l'Amour tu chantes l'Empire,
>
> Et tu compoſes dans le mien.

Cailus,

(21) Mr. Le Comte de *Clermont*, Prince du Sang, a fondé à l'âge de vingt ans, une Académie des Arts, compoſée de cent Perſonnes, qui s'aſſemblent chez lui ; & il donne une protection marquée à tous les Gens de Lttres. On ne ſauroit trop propoſer un tel exemple aux jeunes Princes.

(22) Mr. le Chevalier de *Braſſac*, non-ſeulement a le talent

Cailus, tous les Arts te chériffent. (23)

Je conduis tes brillans Deffeins ;

Et les Raphaëls s'applaudiffent

De fe voir gravez par tes mains.

Jeune Deftampe, & vous Surgere , (24)

Em-

lent très rare de faire la Mufique d'un Opera ; mais il a le courage de le faire jouer , & dé donner cet exemple à la Nobleffe Françoife. Il y a déja longtems que les Italiens, qui ont été nos Maitres en tout , ne rougiffent pas de donner leurs Ouvrages au Public. Le Marquis *Maffei* vient de rétablir la gloire du Théâtre Italien. Le Baron d'*Aftorga*, & le Prélat qui eft aujourd'hui Archevêque de Pife, ont fait plufieurs Opera fort eftimés. Le Duc de *Boukinkam*, le Comte de *Rochefter*, & plufieurs autres, ont fait des Pieces de Théâtre qui font jouées fouvent à Londres. Les paroles de l'Opera de Mr. le Chevalier de *Braffac* font de Mr. de *Monterif*, Auteur de la Fable de Tithon & de l'Aurore.

(23) N.... Marquis de *Cailus*, eft celebre par fon goût pour les Arts, & par la faveur qu'il donne à tous les bons Artiftes. Il grave lui-même , & met une expreffion finguliere dans fes Deffeins. Les Cabinets des Curieux font pleins de fes Eftampes. Mr. de *St. Maurice*, Officier aux Gardes, grave auffi,& fe fert davantage du burin : il a fait une Eftampe d'après Le Nain , qui eft un chef-d'œuvre.

(24) N.... *de la Rochefoucault*, Marquis de *Surgere*, a fait une Comédie intitulée, *l'Ecole du Monde*, Piece fans contredit bien écrite, & dans laquelle il y a des traits que le celebre Duc de la Rochefoucault eût approuvés. Mr. le Marquis *d'Eftampes*, qu'on nomme Mr. *de la Ferté Imbaut*, permettra malgré fon extrême modeftie, qu'on dife qu'il a fait à l'âge de 18 ans une Tragédie dont les Vers font très harmonieux , dans le tems que de vieux Poëtes de profeffion étoient affez déraifonnables pour écrire contre l'Harmonie.

Employez des soins assidus
Aux beaux Vers que vous daignez faire;
Et que tous les Sots confondus
Desormais ne prétendent plus
Qu'on déroge & qu'on dégénere;
En suivant Minerve & Phébus.

F I N.

A P P R O B A T I O N.

J'Ai lu *le Temple du Goût*, par ordre de Monseigneur le Garde des Sceaux, & n'y ai rien trouvé qui pût en empêcher l'impression. Ce 21. Avril 1733.

CREBILLON.

9 782019 947392